HUMANIMAL
휴머니멀

인간처럼 행동하고 느끼고 생각하는 동물들

글 **크리스토퍼 로이드**

그림 **마크 러플**

우리동네
책공장

말로 표현할 수 없을 만큼
다양한 방법으로 우리 가족에게
휴머니멀이라는 놀라운 경험
안겨 준 플로시와 밀리에게

차례

작가의 말	4
공동체	7
협동심	8
농사	11
도시 생활	14
즐거운 놀이	16
자랑하기	18
감정	21
사랑	22
공격성	24
슬픔	26
지능	29
자기인식	30
언어	32
속임수	34
퍼즐 풀기	36
발명	38
용어 해설	42
동물연구 / 동물학자	43
찾아보기	46
참고문헌	47

작가의 말

수십만 년 전 원주민들은 야생동물들과 가까이 생활했습니다. 동물을 인간과 똑같거나, 때로는 인간보다 우수한 존재로 여기며 살았습니다.

시간이 흐르면서 인간은 야생을 떠나 도시로 모여들었습니다. 점점 동물과 멀어졌고, 동물에 대한 인간의 생각도 바뀌었습니다. 우리는 인간이 동물보다 더 훌륭하고, 똑똑하고, 강하고, 중요하다고 믿기 시작했습니다.

인간은 땅에서 농사를 짓고, 가축을 키우며 생활합니다. 또 언어를 사용해서 서로 소통할 수 있습니다. 커다란 건물을 짓고, 필요한 도구를 만들어 쓸 줄 압니다.

문제 해결 능력도 뛰어납니다. 여러 사람들과 함께 사회를 구성하고, 해야할 일을 정할 때는 의견을 모아 투표를 하기도 합니다. 또 인간은 각자 자신을 인식하고 느낀 감정을 표현합니다. 이 모든 것은 인간이 특별한 존재라는 증거입니다.

이를 근거로 과학자들은 '인간을 다른 동물과 차별화하는 가장 큰 특징은 도구를 만들고 사용하는 능력'이라고 정의 내렸습니다.

그러나 1900년대 중반, 이를 뒤집는 새로운 사실이 밝혀졌습니다. 이즈음 제인 구달은 이전과 다른 새로운 방법으로 동물을 연구했습니다. 야생으로 나가 침팬치들과 함께 생활하며 관찰한 내용을 노트에 적고 사진과 동영상을 찍으며 기록했는데, 침팬지가 사람처럼 도구를 만들어 사용한다는 것을 처음 발견했습니다. 기존에 인간에 대한 과학자들의 정의는 완전히 빗나갔습니다. 과학자의 새로운 발견 하나가 모든 것을 바꾼 것입니다.

그 이후로 수천 명의 과학자가 침팬지와 고래, 벌에 이르기까지 거대하고 다양한 동물들을 관찰하기 시작했습니다. 일부 과학자들은 더 많은 것을 조사하기 위해 동물의 뇌 화학 반응을 측정하고 동물의 DNA를 분석했습니다.

그 결과, 동물을 우수한 존재로 인정했던 원주민들의 생각이 맞았다는 게 밝혀졌습니다. 인간이 가장 훌륭하고, 똑똑하고, 감정을 느끼는 유일한 생명체라는 주장은 완전히 틀렸습니다. 많은 면에서 동물들은 놀라울 정도로 인간과 닮았습니다.

동물과 인간이 얼마나 많은 공통점을 가졌는지 설명하기 위한 새로운 단어가 필요했습니다. 그래서 새로운 단어인 '휴머니멀'을 찾았고, 제목으로 정했습니다. 모두 이 책을 재밌게 읽었으면 좋겠습니다.

크리스토퍼 로이드

공동체 COMMUNITY

인간은 다양한 형태의 공동체 안에서 살고 있습니다. 건물을 짓거나, 가축을 기르고, 농사를 지을 때, 언제 무엇을 해야 할지 구성원들과 함께 의논하고 결정합니다. 이처럼 인간은 자신이 속해 있는 공동체의 성공을 위해 힘을 나누고 돕습니다. 또 최선을 다해 좋은 결과를 이뤘다면 자랑하고 싶어 합니다.

일과를 끝낸 뒤에도 함께 어울리며 시간을 보냅니다. 축구나 야구 같은 게임을 하기도 하고, 술래잡기나 눈 싸움을 하며 즐거운 놀이를 합니다.

공동체 활동을 인간만 하는 건 아닙니다. 전 세계 과학자들은 동물들도 팀을 이루어 일하고, 먹이를 찾고, 집을 짓는다는 사실을 발견했습니다. 또 다른 동물에게 잘 보이기 위해 노력하기도 합니다.

봄이 되면 멕시코자유꼬리박쥐는 두 무리로 나뉩니다. 다 자란 수컷들은 수컷끼리 모여 여러 개의 작은 그룹을 만듭니다. 다 자란 암컷은 새끼들과 함께 하나의 거대한 무리를 이루어 함께 지냅니다. 가장 큰 무리는 미국 텍사스의 브라켄 동굴에 서식하는데, 최대 2천만 마리의 멕시코자유꼬리박쥐가 모여 있습니다. 멕시코자유꼬리박쥐 새끼들은 발과 엄지손가락으로 동굴 벽을 움켜쥔 채 매달려 생활합니다.

협동심 TEAMWORK

꿀벌은 협동심이 뛰어납니다. 꿀을 모을 때 정보를 공유합니다. 자, 상상해봅시다. 벌 한 마리가 꿀과 꽃가루가 듬뿍 들어 있는 꽃을 발견했습니다. 다른 벌에게 이 사실을 알리기 위해 다시 벌집으로 돌아옵니다. 마침내 벌집에 도착한 벌은 다른 벌에게 꽃의 위치와 정보를 어떻게 설명할까요? 오스트리아의 과학자 카를 폰 프리슈가 답을 찾았습니다.

폰 프리슈 박사는 연구를 통해 꿀벌들이 신호를 전달하기 위해 춤을 춘다는 사실을 알아냈습니다. 인간이 언어로 대화를 나누듯, 춤을 춰서 정보를 전달하는 겁니다.

벌의 춤은 얼마나 멀리 있는지, 어느 방향에 있는지 알려 줍니다. 만약 벌이 원을 그리며 한 바퀴를 돌고 다시 반대로 한 바퀴를 돌면, 꿀이 벌집으로부터 100m 이내에 있다는 걸 뜻합니다. 이를 '원형 춤'이라고 합니다. 반면 꿀이 100m보다 더 먼 곳에 있을 땐 숫자 8자 모양을 그리며 추는 '8자 춤'을 춥니다. 이때 꿀벌은 태양을 기준으로 꽃이 있는 곳의 각도만큼 꺾어 돌며 꽃의 정확한 위치를 알립니다. 추가로 다른 벌들이 자신의 몸에 묻어 있는 꿀 냄새를 맡게 해서 꽃의 종류를 알려 준답니다.

벌들은 꿀이 있는 새로운 위치를 알려 주기 위해 춤을 추는 벌 주변에 모여 있습니다.

폰 프리슈 박사의 제자인 마르틴 린다우어 박사는 훨씬 더 흥미로운 사실을 발견했습니다. 바로 벌들이 투표를 한다는 겁니다. 매년 봄이 되면 벌집은 둘로 나뉩니다. 새로운 여왕벌을 중심으로 벌의 절반이 함께 오래된 벌집에 머뭅니다. 그럼 나이 든 여왕벌과 나머지 절반의 벌들은 함께 새로운 보금자리로 이동하는데, 새로운 벌집을 어디로 할지 투표로 정합니다.

우선 정찰벌들이 가장 좋은 장소를 찾아 나섭니다. 다시 돌아와 발견한 장소를 알리기 위해 춤을 춥니다. 다른 벌들은 정찰벌들의 춤을 통해 알게 된 장소를 확인하러 떠납니다. 확인하고 돌아온 벌들은 정찰벌과 같은 춤을 추면서 가장 마음에 들었던 장소를 투표합니다. 가장 많은 벌이 춤을 추는 곳이 가장 인기 있는 장소로, 그곳이 벌들의 새로운 보금자리가 됩니다.

앞에서 무리를 이끌던 새는 휴식을 위해 무리 뒤로 돌아가고, 뒤에 있던 새가 선두 자리로 이동해 그 역할을 대신합니다.

선두 교체 Taking Turns

육지와 바다를 가로질러 멀리 날아가는 새 떼에게 대열을 정하는 것은 매우 중요한 일입니다. 과학자들은 캐나다기러기들이 '선두 교체' 방법을 사용한다고 설명했습니다.

V자 대형의 선두에 선 기러기가 거친 맞바람을 맞으며 납니다. 다른 기러기들은 선두 기러기의 뒤를 바짝 따르며 날면서 에너지를 절약하고 더 쉽게 날 수 있습니다.

하지만 선두 기러기는 금방 힘이 빠져 지치고 맙니다. 그럼 무리의 맨 뒤로 가서 쉬며 체력을 비축하고, 동시에 바로 뒤에 있던 기러기가 선두 자리를 대신합니다. 기러기들은 이 선두 교체를 반복하며 먼 거리를 효율적으로 비행합니다.

이렇게 기러기 무리는 하나의 팀으로 함께 바람을 가르며 비행합니다. 캐나다기러기들은 24시간 안에 약 2400km에 달하는 먼 거리를 날 수 있습니다. 영국 런던에서 그리스 아테네까지 하루 만에 여행할 수 있는 속도입니다. 아마 기러기 혼자서는 절대 비행할 수 없을 것입니다.

자전거를 탈 때 맨 앞에서 달리는 선수는 강한 바람과 싸웁니다. 짖는 소리 선두에 섭니다. 이때 무리 뒤로 돌아간 선수는 바람을 피해 에너지를 아낄 수 있습니다.

농사(농사짓는 개미) FARMING

인간뿐만 아니라 개미도 농사를 짓고 있습니다. 가위개미는 약 6천만 년 전부터 농사를 지었습니다. 먹이인 곰팡이를 키워서 재배하는 농사꾼입니다. 가위개미는 턱으로 나뭇잎을 자르고, 그 조각들을 둥지로 옮깁니다. 나뭇잎은 개미의 몸집에 비해 매우 크기 때문에 결코 쉬운 일은 아닙니다. 그럼에도 불구하고 나뭇잎을 모으는 이유는 이를 먹이로 하는 곰팡이를 키우기 위해서입니다.

흰 털이 보송보송한 곰팡이가 다 자라면 번식을 위한 세포인 포자를 뿜어냅니다. 개미는 포자에게 더 많은 잎을 주고, 잎을 먹고 자란 포자는 다시 곰팡이가 됩니다.

개미들은 뜰도 가꿉니다. 상태가 안 좋은 곰팡이들을 제거해, 건강한 곰팡이들이 더 잘 자랄 수 있도록 충분한 공간을 만듭니다. 심지어 곰팡이에게 많은 영양분을 공급하기 위해 거름을 주듯 으깬 나뭇잎 조각에 배설물을 섞습니다. 이러한 노력에 덕분에 개미들은 평소 먹이 걱정을 할 필요가 없습니다.

가위개미는 곰팡이를 키우는 뜰이 병에 걸리지 않게 관리합니다. 자기 몸에 사는 세균을 곰팡이에 문질러서 곰팡이를 해충으로부터 보호합니다.

큰개미는 진딧물을 키웁니다. 그러다 배가 고프면 더듬이로 진딧물의 엉덩이를 톡 건드립니다.
그럼 진딧물의 엉덩이에서 단물이 나오는데,
이 단물은 개미들에게 맛있고 영양가 있는 음식이랍니다.

공동체 COMMUNITY

낚시(물고기 어부) Fish Farmers

깊은 바다로 가면 농사짓는 물고기를 만날 수 있습니다. 2002년 일본의 생물학자 히로키 하타 연구팀은 사람처럼 농사를 짓는 자리돔과 물고기를 발견했습니다.

자리돔과 물고기는 열대 산호초에 삽니다. 입맛이 까다로워서 '폴리시포니아'라는 해초만 좋아합니다. 자리돔과 물고기는 항상 영양가 높은 먹이를 먹기 위해, '폴리시포니아'가 자라는 곳에서 다른 해초들을 제거합니다. 마치 사람들이 농사를 지을 때 잡초를 뽑는 것과 같습니다.

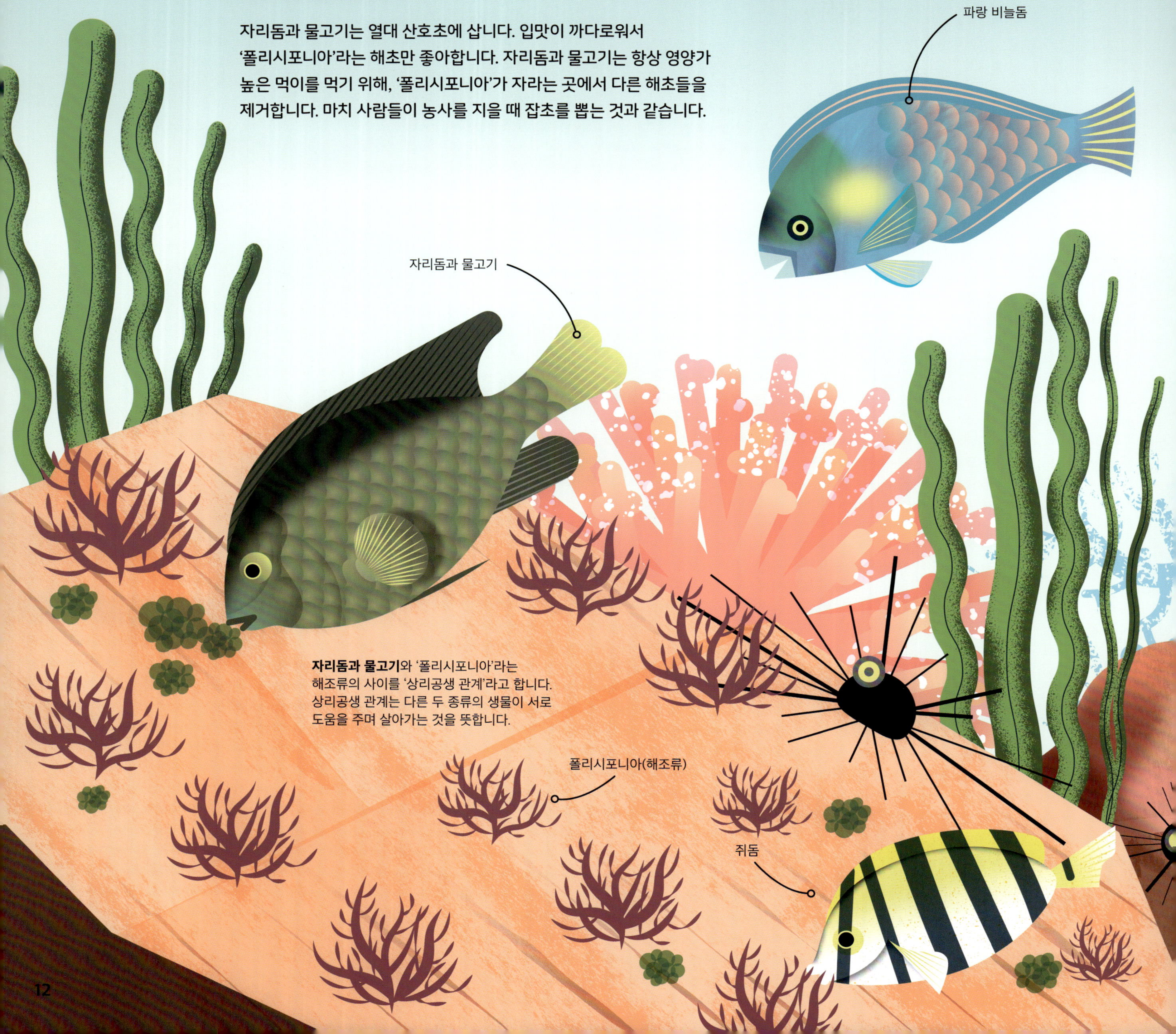

파랑 비늘돔

자리돔과 물고기

자리돔과 물고기와 '폴리시포니아'라는 해조류의 사이를 '상리공생 관계'라고 합니다. 상리공생 관계는 다른 두 종류의 생물이 서로 도움을 주며 살아가는 것을 뜻합니다.

폴리시포니아(해조류)

쥐돔

독가시치

사람들이 밭을 찾아오는 토끼나 새를 쫓아내듯이 자리돔과 물고기는 해조류를 지키기 위해 침략자를 쫓아냅니다. 침략자들은 대부분 성게와 비늘돔, 쥐돔 그리고 독가시치들입니다.

성게

공동체 COMMUNITY

도시 생활 CITY LIVING

도시에서 사는 건 정말 바쁩니다. 쇼핑도 하고, 밥도 먹고, 일도 하고, 청소도 하며 서로 다른 삶을 살고 있습니다. 이런 바쁜 도시 생활은 서울과 뉴욕, 베이징에만 있는 건 아닙니다. 벌과 말벌, 개미, 흰개미를 포함한 곤충들은 인류가 생기기 수백만 년 전 세계 최초의 거대 도시를 만들었습니다.

흰개미는 수백만 마리가 함께 모여 삽니다. 그만큼 거대한 크기의 집을 짓고 삽니다. 흰개미 집은 마치 거대한 타워를 연상케 하는데, 높이가 약 5m로 코끼리 키보다 더 높습니다. 집 안은 여러 개의 방으로 나뉘어 있습니다. 안에는 식량을 기르고 저장하는 공간, 식용 곰팡이가 있는 정원, 애벌레를 위한 보호시설, 여왕을 위한 왕실 등이 있습니다.

흰개미 집 중앙 굴뚝에는 온도를 조절하는 구멍이 있습니다. 구멍을 통해 바깥의 신선한 공기는 내부로 들어와 방들을 통과하며 순환하고, 탁한 공기는 밖으로 나갑니다. 흰개미들은 구멍을 열었다 닫았다를 조절해서 기상 조건과 상관없이 항상 일정한 온도를 유지합니다.

흰개미 집 안에는 먹이인 목재와 풀, 곰팡이 등이 저장되어 있습니다. 정원도 있는데, 곰팡이를 기르는 공간입니다.

기술자 개미들이 손상된 개미집을 수리합니다.

인간이 날씨에 따라 냉방과 난방을 하듯, 흰개미는 굴뚝과 통로로 집 안의 환경을 조절합니다. 이는 일교차가 30℃가 넘고 건조한 아프리카 초원에서 사는 데 매우 중요한 일입니다.

흰개미는 집 안에서 모든 일을 합니다. 기술자 개미들은 흙과 나무, 배설물, 침 등으로 개미집을 짓습니다. 오래전 사람들이 나무와 흙, 진흙 등을 사용해 집을 짓던 건축법과 매우 비슷합니다.

집의 일부가 고장나면 기술자 개미들은 수리를 합니다. 집을 처음부터 지으려면 수년이 걸리지만, 아무리 심하게 훼손된 집이라도 불과 3개월 만에 수리할 수 있습니다.

흰개미 집의 높이 솟은 부분은 흙과 침, 배설물 등으로 만들어졌습니다.

흰개미는 긴 타원형의 집안에 삽니다.

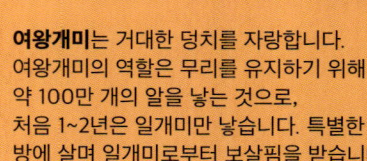

여왕개미는 거대한 덩치를 자랑합니다. 여왕개미의 역할은 무리를 유지하기 위해 약 100만 개의 알을 낳는 것으로, 처음 1~2년은 일개미만 낳습니다. 특별한 방에 살며 일개미로부터 보살핌을 받습니다.

공동체 COMMUNITY

즐거운 놀이 HAVING FUN

저는 반려견 '플로시', '밀리'와 함께 살고 있습니다. 10년 동안은 플로시 한 마리만 키웠습니다. 플로시는 많이 뛰어다니지도 않았고, 짖지도 않았습니다. 게다가, 다른 개들을 만나면 겁을 먹고 도망 다니기 바빴습니다. 그래서 우리 가족은 플로시에게 새로운 반려견 밀리를 처음 소개할 때 약간 긴장했습니다. 플로시와 밀리는 잘 지낼 수 있을지, 플로시가 밀리를 질투하지는 않을지 걱정했습니다.

놀랍게도, 플로시는 밀리를 마음에 들어 했습니다. 밀리와 함께 한 이후 좀 더 활발해졌고, 사회성도 좋아졌습니다. 이제는 매일 저녁밥을 먹고 난 뒤, 플로시와 밀리는 함께 신나는 놀이 시간을 갖습니다. 둘은 숨바꼭질을 하며 온 집안을 뛰어다닙니다. 플로시와 밀리는 즐거운 놀이를 하는 게 분명합니다!

이처럼 강아지는 노는 걸 좋아합니다. 재밌게 놀며 즐거움을 느끼면 뇌에서 행복 호르몬인 도파민이 만들어집니다. 사람도, 강아지도, 쥐도 마찬가지입니다. 이것이 휴머니멀입니다.

큰까마귀들이 눈 덮인 언덕을 데굴데굴 구릅니다. 왜일까요? 그 이유는 재미있기 때문입니다. 아이들이 재밌게 썰매를 타듯 까마귀는 언덕 내리막을 구르며 즐거워합니다.

자랑하기 SHOWING OFF

어떤 사람은 놀라운 솜씨로 기타 연주를 합니다. 또 어떤 사람은 현란하게 공을 드리블한 뒤 멋지게 골을 넣습니다. 브레이크 댄스를 추거나 그림을 그리고, 최신 유행 스타일의 옷을 입기도 합니다.

이처럼 음악과 스포츠, 예술, 패션은 많은 사람들 속에서 자신을 돋보이게 하는 방법입니다. 잘하는 것을 뽐내는 것은 너무나 자연스러운 모습이며, 인간뿐만 아니라 동물들도 본능적으로 뽐내는 걸 좋아합니다.

보겔콥정원사새는 뛰어난 예술가 새입니다. 호주 북쪽 해안에서 떨어진 뉴기니의 열대 섬에 살며, 집을 아름답게 짓습니다. 수컷은 마른 풀이나 나뭇잎 등을 모아 숲 바닥에 조심스럽게 펼쳐 놓습니다. 그런 다음 어린 나뭇가지를 텐트처럼 쌓은 뒤 엮어 둥지를 짓습니다. 이후 둥지를 예쁘게 장식하는데, 암컷의 관심을 끌기 위한 구애 방식입니다.

수컷 복어는 암컷 복어에게 잘 보이기 위해 2m 크기의 넓은 모래 둥지를 만듭니다. 워낙 세심하게 작업하기 때문에 만드는 데 열흘 넘게 걸립니다.

보겔콥정원사새는 과일이나 꽃, 돌, 도토리, 달팽이 껍질 등을 모아 집을 화려하게 꾸밉니다.

공동체 COMMUNITY

19

감정 FEELINGS

반려견들과 생활해 보면 강점을 느끼고 표현한다는 것을 알 수 있습니다. 꼬리를 흔드는 모양, 짖는 소리, 짖을 때의 자세 등 다양한 신호를 통해 확인할 수 있습니다. 그렇다면 다른 동물들은 어떨까요? 반려 물고기도 기쁨과 슬픔, 공포 등의 감정을 느낄 수 있을까요?

과학자들은 물고기들의 신경이 척추동물처럼 형성돼 있다는 사실을 밝혀냈습니다. 심지어 물고기가 극심한 공포를 느낄 때 사람을 진정시키는 약이 도움이 된다는 것도 알아냈습니다. 즉, 동물들이 분노와 고통, 기쁨, 공포와 슬픔과 같은 감정을 느끼는 모습이 인간과 매우 비슷해 보입니다.

엄마 북극곰은 2~3년 동안 새끼 곰을 돌봅니다. 어미와 새끼 곰은 눈 속을 뒹굴며 함께 노는데, 새끼 곰이 멀리 가지 못하게 하기 위해 '딸깍' 소리를 냅니다. 다른 북극곰들로부터 새끼 곰을 보호하기 위해서입니다. 또 새끼 곰에게 사냥하는 방법을 가르쳐주어, 다 자랐을 때 스스로 살아갈 수 있게 합니다. 새끼 곰을 향한 엄마 북극곰의 사랑이 느껴지지요?

사랑 LOVE

인간은 다양한 방법으로 가족과 친구, 연인과 사랑을 나눕니다.
동물들도 서로를 사랑할까요?

보노보는 인간과 가장 가까운 유인원입니다. 지난 2011년, 일본과 콩고민주공화국의 공동연구팀이 약 20명의 보노보의 무리를 연구하고 있었습니다. 그러던 어느 날, 보노보의 무리가 늪지대에서 과일을 찾고 있던 도중 '말루수'라는 수컷 보노보의 손이 덫에 걸리고 말았습니다. 말루수는 덫이 달려 있던 작은 나무를 부러뜨렸고, 다른 보노보가 말루수의 손이 낀 덫을 빼기 위해 작은 나무를 잡아당겼습니다. 또 다른 보노보는 말루수의 손에 난 상처를 닦아주었습니다. 그러나 이후 말루수가 움직이면서 또다시 덩굴에 걸렸습니다. 움직이면 움직일수록 덩굴에 걸려 빠져 나오기 어려워졌습니다.

저녁이 되자 보노보들은 보금자리인 숲으로 돌아갔습니다. 덩굴에 갇힌 말루수를 혼자 두고 말입니다. 보노보들은 말루수 돕는 것을 포기한 것일까요? 아니었습니다. 다음 날 아침이 되자마자 보노보의 무리는 다시 말루수를 찾았습니다. 다행히 말루수가 자신의 힘으로 덫을 푼 상태였고, 보노보들은 이 모습을 확인하고 나서야 다시 이동하기 시작했습니다. 연구팀은 보노보 무리가 친구를 돌본 행동이라고 설명했고, 인간과 매우 비슷하다는 걸 알 수 있었습니다.

보노보의 사랑은 친구만을 위한 것이 아닙니다. 미국 노스캐롤라이나의 연구원들은 보노보들이 한 번도 만난 적 없는 다른 동물들과 음식을 나눈다는 사실을 알아냈습니다.

남아메리카와 남극에서 볼 수 있는 마카로니펭귄은 짝을 보면 열정적으로 구애합니다. 노란색 깃털 장식이 달린 머리를 들어 부리와 턱을 수직으로 세운 채 요란한 울음소리를 냅니다. 번식을 위한 이 울음소리를 '황홀한 뽐내기 노래'라고 합니다.

푸른발얼가니새는 중남미 동부해안에 서식하는 바다새입니다. 머리에 갈색 반점이 있고 푸른 물갈퀴가 달린 발이 특징입니다. 푸른발얼가니새는 한번 짝짓기를 하면 평생 부부로 지내는 경우가 많습니다. 마치 부부가 가사분담을 하듯 푸른발얼가니새는 새끼를 기르는 일을 나눠서 합니다. 게다가 새끼들은 서로를 돌보기도 합니다. 과학자들은 푸른발얼가니새가 먹이가 부족한 상황에서 더 강한 새끼들이 약한 새끼와 공평하게 먹이를 나눈다는 사실도 발견했습니다.

감정 FEELINGS

공격성 AGGRESSION

친구랑 놀다 크게 화가 났던 적이 있었나요? 누군가는 화가 나면 크게 소리를 지르고 싶을 것이고, 또 누군가는 눈물이 터지거나 물건을 던지고 싶을 수도 있을 겁니다. 이런 화와 분노는 인간의 자연스러운 감정입니다. 다만 공격적인 행동은 자칫 자신은 물론 친구들이 다칠 수 있어 유의해야 합니다. 동물들도 마찬가지로 화가 나면 인간처럼 공격적인 행동을 보이기도 합니다.

캐나다의 동물학자 앤 이니스 대그는 세계적인 기린 연구자로, 수년 동안 야생에서 생활하며 동물들을 관찰한 최초의 과학자입니다. 그리고 수컷 기린들이 암컷을 차지하기 위해 싸우는 모습을 관찰했습니다. 수컷 기린들은 길고 무거운 목과 머리를 서로 세게 칩니다. 기린 목은 최대 1.8m까지 길게 뻗을 수 있고 무게는 약 270kg이나 되기 때문에, 이 전투는 매우 위험해 보입니다. 하지만 거의 다치지 않습니다. 왜냐하면 보통 약한 기린이 전투가 격렬해지기 전에 포기하기 때문입니다.

어떤 사람은 화가 나면 얼굴이 빨갛게 변하곤 합니다. 최근 알래스카의 과학자 데이비드 셸이 이끈 연구팀은 문어도 화가 났을 때 몸 색이 변한다는 사실을 발견했습니다!

화가 난 고양이를 보면 조심해야 합니다. 뻣뻣하게 굳은 몸과 위로 곧추 세운 꼬리를 보면 화가 났는지 알 수 있습니다. 또 '쉭쉭' 소리를 내거나 으르렁거리고, 덩치를 크게 보이기 위해 몸을 둥글게 부풀리며 위로 당겨 올립니다.

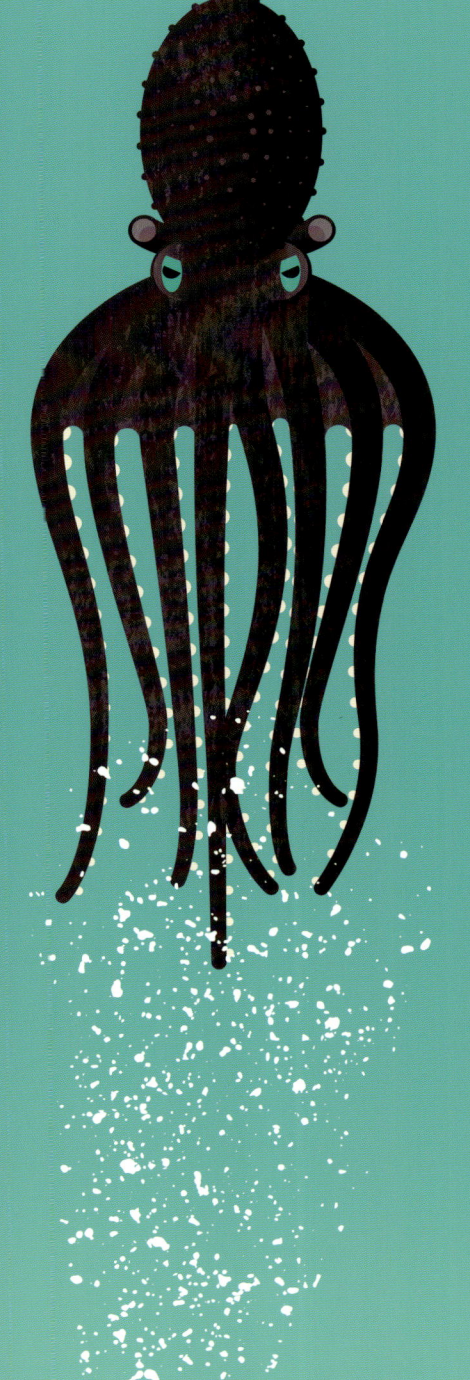

아프리카회색앵무새인 '알렉스'는 100개 이상의 영어 단어를 사용할 줄 압니다. 미국의 과학자 아이린 페퍼버그 박사의 훈련을 통해 배웠습니다. 아이린 페퍼버그 박사는 알렉스에게 캐슈너트 대신 '펠릿'이라는 작은 알갱이를 줬을 때, 알렉스는 화가 나서 깃털을 한껏 부풀린 채 '캐슈너트 줘!'라고 말했다고 전했습니다.

초파리는 화가 나면 적에게 더 위협적으로 보이기 위해 날개를 최대한 높이 부풀립니다.

라마는 화가 나면 종종 혀를 내밀고 침을 뱉습니다. 이렇게 약을 올리기 위해 혀를 내미는 건 인간만이 하는 행위가 아니라는 게 밝혀진 겁니다.

감정 FEELINGS

슬픔 GRIEF

아마도 힘든 감정 중 하나는 사랑하는 사람이 죽었을 때 느끼는 슬픔과 상실감일 겁니다. 동물들은 어떨까요?

미국 펜실베이니아대학교의 앤 엥흐 박사가 이끄는 연구팀은 남아프리카 대륙의 보츠와나 오카방고 삼각주에서 차크마개코원숭이를 연구했습니다. 인간이 느끼는 감정은 몸에서 나오는 다양한 화학물질들과 관련이 있습니다. 연구팀은 차크마개코원숭이가 감정을 느낄 때 어떤 화학물질을 내뿜는지 조사했습니다.

그 결과 차크마개코원숭이는 가까운 친구나 가족이 악어나 사자와 같은 포식자에게 잡아 먹히면 몸에서 '코티솔'이라는 화학물질을 방출한다는 사실이 밝혀졌습니다. 코티솔은 사람이 엄청난 스트레스를 받을 때 내뿜는 물질입니다. 그럼 무리의 다른 원숭이들은 슬픔에 빠진 차크마개코원숭이의 기분이 나아지도록 털을 쓰다듬거나 다듬어주었습니다.

이 연구 결과는 동물도 인간처럼 슬픈 감정을 느낀다는 것을 보여줍니다. 차크마개코원숭이가 슬퍼하는 기간은 약 한 달 정도 지속됐습니다. 한 달이 지난 뒤 코티솔 수치는 다시 정상으로 돌아왔습니다.

슬픔에 잠긴 고래 Grieving Whales

태평양 연안의 바다에 어미 범고래 '탈레쿠아'가 살고 있습니다. 2018년 7월 어느 날, 탈레쿠아의 새끼가 죽었습니다. 이날 밤 미국 워싱턴주 산후안 섬의 한 주민은 달빛이 비치는 두 시간 동안 암컷 범고래 6마리가 원을 그리며 헤엄치는 모습을 보았다고 말했습니다. 이후, 탈레쿠아는 죽은 새끼를 안고 있다가 17일이 지나서야 놓아주었습니다.

탈레쿠아와 암컷 범고래 6마리의 행동은 죽은 새끼의 장례식이었을까요? 탈레쿠아는 새끼의 죽음을 받아들이기 어려워서 죽은 새끼를 오랫동안 품고 다녔을까요? 확실하지는 않지만, 과학자들은 범고래를 포함한 일부 고래의 뇌에 방추세포가 있다는 사실을 발견했습니다. 방추세포는 뇌의 전두엽에서 감정을 처리하는 세포로, 어미 범고래의 행동이 동물도 사람처럼 슬픔을 느끼기 때문이라고 생각하게 되었습니다.

애도하는 코끼리 Mourning Elephants

미국 스미소니언 동물원의 동물생태학자 시프라 골든버그가 미국 콜로라도주립대학교에서 공부할 때, 늙은 아프리카코끼리가 가족들에게 둘러싸인 채 죽음을 맞이하는 모습을 목격했습니다. 그리고 수 주 뒤, 다른 코끼리들이 죽은 코끼리의 뼈를 지키는 것도 보았습니다. 마치 사람처럼 코끼리들도 슬픔을 느낀 걸까요? 전문가들도 확실하지는 않지만, 코끼리 가족이 죽은 동물의 사체에 관심을 가진 것은 아마도 죽음에 대처하고 받아들이는 방법이었을 것이라고 생각했습니다. 즉, 죽음을 애도하는 행동은 사람과 크게 다르지 않은 겁니다.

감정 FEELINGS

지능 INTELLIGENCE

당신은 어려운 문제를 잘 푸나요? 글쓰기는요? 암산은 잘하나요?
누군가는 글쓰기를 잘하고 또 어떤 사람은 수학을 더 잘합니다.
하지만 기본적으로 사람은 빠르게 변화하는 세상에서 살아남기 위해
학습하고 적응하고 문제를 해결합니다. 과학자들은 이런 능력을
'지능'이라고 부릅니다.

동물들도 지능을 갖고 있습니다. 돌고래와 오랑우탄은 거울 속
자신을 인지할 수 있습니다. 고래와 닭은 인간만큼 놀라운 의사소통
기술을 가지고 있고, 침팬지는 퍼즐을 풀고 도구를 사용할 줄 압니다.
뻐꾸기와 나비도 인간처럼 거짓말을 하고 남을 속일 줄 압니다.
지능은 또 하나의 휴머니멀입니다.

암컷 뻐꾸기는 몰래 다른 새 둥지에 알을 낳습니다. 그 이유는
다른 새에게 뻐꾸기 알을 품게 하기 위해서입니다. 심지어
새끼 뻐꾸기는 부화하자마자 원래 둥지의 주인인 알을 밖으로
밀어냅니다. 결국 다른 새는 자신의 새끼들 대신 새끼 뻐꾸기를
키우게 됩니다.

자기인식 SELF - AWARENESS

1838년 어느 화창한 여름 날, 영국의 유명한 과학자 찰스 다윈이 런던 동물원을 방문했습니다. 이때 다윈의 눈길을 끈 동물이 있었는데, 바로 '제니'라는 이름의 오랑우탄이었습니다. 다윈은 제니가 거울에 비친 자신의 모습을 보자마자 놀랍다는 표정을 지었다는 걸 알아챘습니다.

제니는 거울 속 모습이 자신이라는 걸 알았을까요? 아니면 다른 오랑우탄이 있다고 생각했을까요? 어느 쪽도 확신할 수는 없습니다.

100여 년 뒤, 미국의 심리학자 고든 갤럽 주니어는 거울을 사용해 동물들이 자신을 인식할 수 있는지를 실험했습니다. 실험은 간단했습니다. 동물 얼굴에 점을 표시한 뒤, 거울을 보여줍니다. 만약 동물이 거울을 보고 얼굴에 점을 만진다면, 그것은 거울 속 모습이 자신이라는 걸 안다는 뜻입니다.

갤럽은 침팬지 4마리를 대상으로 실험했습니다. 침팬지 4마리 모두 거울 테스트를 통과했습니다. 일부 과학자들은 모든 유인원, 코끼리, 돌고래, 범고래, 까치, 그리고 심지어 개미들까지도 자신을 인지할 수 있을 것으로 추측하고 있습니다.

물론 모든 생명체가 시력을 주된 감각으로 사용하는 것은 아닙니다. 어떤 동물은 냄새나 소리를 사용합니다. 오늘날 과학자들은 자신을 인지하는 능력이 사회적 집단 안의 다른 동물들과 관계를 맺는데 어떻게 도움이 되는지를 연구하고 있습니다.

2006년 미국 에모리대학교의 조슈아 플로트니크 박사는 미국 뉴욕의 브롱크스 동물원에서 아시아코끼리를 대상으로 실험을 했습니다. 플로트니크 박사는 코끼리 중 한 마리에게 '해피'라고 이름 지어 주었습니다. 그리고 해피에게 거울을 보여줬을 때, 플로트니크 박사가 머리에 그린 하얀 점을 긴 코로 만지는 모습을 확인했습니다. 이를 통해 코끼리가 거울 속 자신을 인식하고 있다고 결론을 내렸습니다.

큰돌고래는 거울에 비친 자신의 모습을 보고 혀를 내미는 동작을 했습니다. 마치 '이게 정말 나인가?'라고 확인하는 듯한 모습이었습니다.

지능 INTELLIGENCE

언어 LANGUAGE

만약 누군가가 인간과 동물의 가장 큰 차이점을 물어본다면, 아마 대부분의 사람들은 '언어를 사용하는 것'이라고 대답할 것입니다. 하지만 인간뿐만 아니라 동물들도 그들만의 언어로 소통합니다.

혹등고래는 노래를 부르는 것으로 유명합니다. 수염고래는 물속 먼 거리에서도 서로의 소리를 들을 수 있습니다. 덴마크 남부대학교의 마그너스 월버그 교수와 포르투갈 해양연구소의 해양생물학자 클라우디아 올리베이라 공동연구팀은 대서양에 서식하는 향유고래의 소리를 연구했습니다. 연구팀은 향유고래가 서로 의사소통을 한다고 보았습니다.

연구하는 동안, 연구진은 고래 메시지 21개를 기록했습니다. 고래의 메시지는 마치 모스부호처럼 연속적으로 톡톡 두드리는 소리가 났습니다. 예를 들어 한 메시지에는 네 개의 긴 소리와 두 개의 짧은 소리로 이루어져 있었습니다. 지금까지 아무도 메시지를 해독하지 못했습니다. 그러나 고래들이 먹이를 찾았을 때나, 어미 고래들이 새끼들을 부를 때에도 소리를 낸다고 밝혀졌습니다. 또한 고래가 각각의 집단을 구별할 때나 물속으로 들어가거나 밖으로 나올 때 신호를 보낸다 생각하고 있습니다.

영리한 닭 Clever chickens

많은 사람들은 닭이 그다지 똑똑하지 않다고 생각합니다. 하지만 과학자들은 닭들이 서로 의사소통을 할 정도로 영리한 동물이라고 믿고 있습니다.

과학자들은 닭들이 내는 소리에서 일정한 규칙을 찾기 위해 수년 동안 닭의 울음소리를 연구했습니다. 그 결과 닭은 특정 의미가 있는 소리 24가지를 사용한다는 사실이 밝혀졌습니다.

미국 테네시주 출신의 게일 다미로우는 닭 백과사전을 포함한 닭 사육에 관한 책 여러 권을 썼습니다. 게일 다미로우는 반복적으로 날카롭고 시끄러운 짹짹 소리는 너무 덥거나, 춥거나, 배가 고파서 등 몸이 힘든 상태를 의미한다고 설명했습니다. 높고 날카롭게 지저귀는 소리는 '나를 해치지 말라'는 뜻이고, 짧고 낮은음이 반복되는 소리는 '내 가까이에 있어'라고 표현하는 것입니다.

속임수 DECEPTION

많은 동물이 속임수를 씁니다. 다른 동물을 속이는 데 매우 뛰어난 능력을 갖고 있습니다. 왜냐하면 속임수는 생존과 번식에 도움이 되기 때문입니다.

검은두견이는 아프리카에 사는 노래 새입니다. 종종 큰 무리를 지어 사는 포유동물인 미어캣과 함께 삽니다. 미어캣은 곤충을 잡아먹는데, 검은두견이도 곤충을 좋아하기 때문에 미어캣이 사냥한 곤충을 훔쳐 먹기 위해 속임수를 씁니다.

독수리가 미어캣을 사냥하기 위해 머리 위를 날고 있으면, 검은두견이는 날카로운 경고음을 냅니다. 그 소리를 들은 미어캣들은 지하 굴로 피신합니다. 이런 일이 반복되면, 미어캣들은 검은두견이의 경고 소리를 신뢰하게 됩니다. 그러던 어느 날, 맛있는 곤충을 먹고 있는 미어캣들을 본 검은두견이는 주위에 독수리가 없어도 거짓 경고음을 울립니다. 미어캣들은 겁을 먹고 지하 굴로 도망치고, 검은두견이는 미어캣이 두고 간 음식을 먹습니다.

검은두견이의 속임수에 넘어가는 것은 미어캣뿐만이 아닙니다. 과학자들은 검은두견이가 경보음을 약 50개나 낼 수 있는 성대 구조를 갖고 있어서, 다른 동물들의 소리를 따라하며 쉽게 속일 수 있다고 말했습니다. 검은두견이는 다른 동물들을 속임으로써 생존에 필요한 음식을 손쉽게 얻을 수 있습니다.

아프리카모나크나비 애벌레는 독을 분비하는 식물을 먹고 삽니다. 그 결과 성충으로 자라면서 몸에 쌓인 독으로 포식자로부터 몸을 보호합니다. 날개의 밝은 무늬는 다른 생명체에게 나비를 잡아먹으면 탈이 날 수도 있다고 경고합니다. 왕관나비는 전혀 독성이 없지만, 아프리카모나크나비의 날개 색을 따라서 포식자들이 사냥을 하지 않도록 속일 수 있습니다.

흉내문어는 최소 15종의 생물로 변신할 수 있는 위장의 천재입니다. 다른 동물처럼 보이기 위해 피부 패턴과 질감을 변화시킬 뿐만 아니라 모양과 색깔도 바꿀 수 있습니다. 만약 흉내문어가 얕은 모래 강바닥에 있을 때는, 몸색을 갈색으로 바꿉니다. 반면, 바다 한가운데 있을 때는 독이 있는 광어나 바다뱀처럼 보이도록 위장합니다.

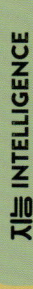
지능 INTELLIGENCE

퍼즐 풀기 PUZZLE SOLVING

점균류는 얇은 그물이나 엉킨 실처럼 생긴 미생물을 말합니다. 습한 삼림지대의 썩은 나무나 낙엽에서 쉽게 발견할 수 있습니다. 매우 작고 뇌가 없는 미생물이지만 신기하게도 문제를 배우고 해결할 수 있는 능력을 갖고 있습니다.

부채 모양의 황색망사먼지는 대표적인 점균류입니다. 머리나 신경, 뇌, 팔, 다리가 전혀 없지만 먹이를 찾기 위해 여러 다른 방향으로 자신의 몸을 분해하는 능력을 갖고 있습니다.

또 과학자들은 이 점균류가 스스로 판단을 하고, 자신이 지금 있는 위치도 알며, 원하는 장소로 움직일 수도 있다는 사실을 밝혀냈습니다. 원하는 곳으로 이동할 때 가장 빠른 최적의 길을 찾을 수 있다는 뜻입니다.

일본 홋카이도대학교 도시유키 나카가키 교수가 이끄는 연구팀은 점균류의 이동 능력을 확인하기 위한 실험을 진행했습니다. 먼저 연구진은 접시에 도쿄 도심의 지도를 그리고, 그중에서도 번화한 지역마다 점균류의 먹이인 오트밀을 놓았습니다. 이후 지도 한가운데에 점균류를 놓았습니다. 그러자 놀랍게도 점균류는 오트밀을 향해 몸을 분리하며 움직이기 시작했고, 그 움직임의 경로가 일본 도쿄와 주변 도시들을 연결하는 철도망과 매우 비슷했습니다.

영국의 연구원들은 영국 지역의 운송 시스템을 계획하는 데 점균류를 사용할 것을 제안했습니다. 특히 예상치 못한 문제가 발생했을 때 어떻게 처리 할 지 알아보기 위한 실험을 진행했습니다. 연구원은 일본 연구원들과 마찬가지로 접시에 영국 지역의 지도를 만든 뒤 점균류를 놓고 이동하게 했습니다. 이후 도심에서 일어나는 문제를 재현하기 위해 접시에 점균류에게 해로운 소금을 뿌렸습니다. 그러자 점균류는 소금을 피해 가장 최적의 길을 찾아냈습니다.

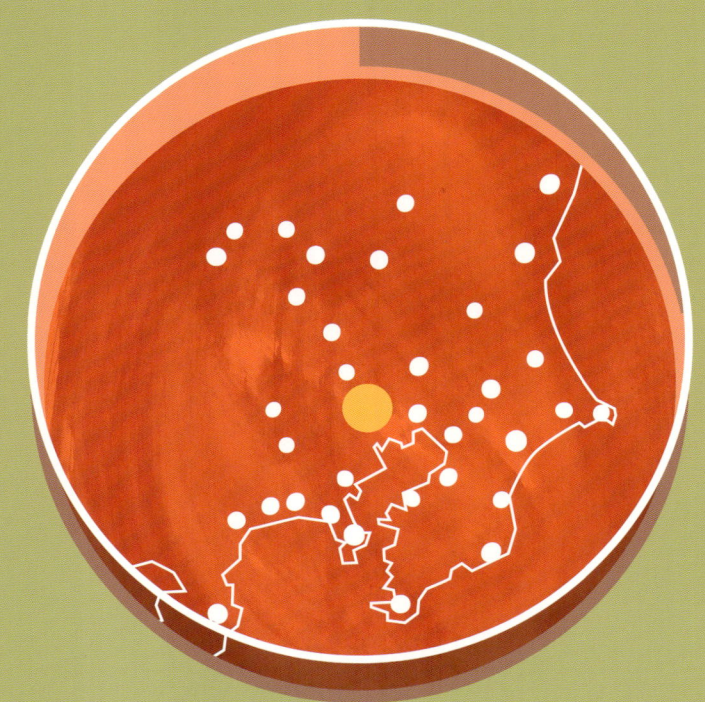

실험 시작: 나카가키 박사 연구팀은 접시에 도쿄 지역의 지도를 표시하고, 가장 번화한 도시 위치에 오트밀 조각을 두었습니다. 이후 이 위에 점균류 한 덩이를 떨어뜨렸습니다.

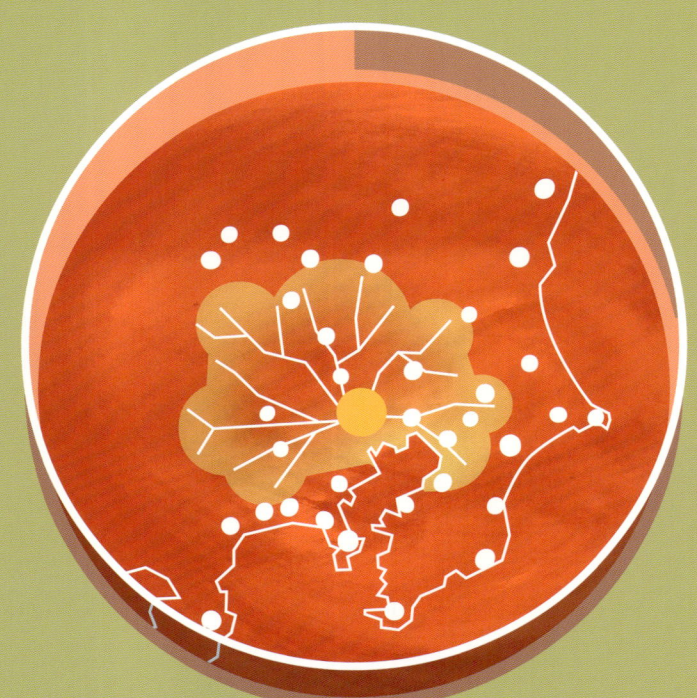

8시간 경과 : 점균류는 오트밀을 찾기 위해 접시 전체에 퍼지기 시작했습니다.

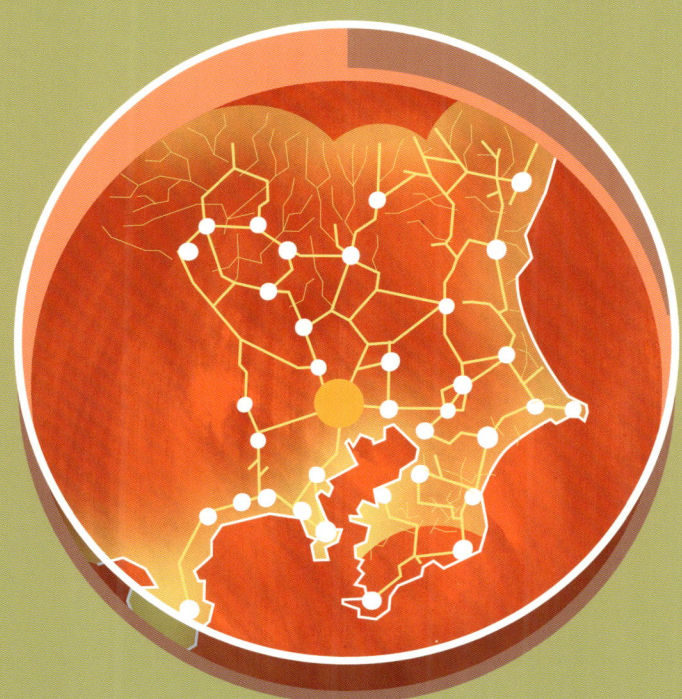

16시간 경과 : 점균류는 한 오트밀 조각에서 다른 조각까지의 가장 짧은 이동 경로를 찾아내 그 소식을 전체 덩어리와 공유했습니다.

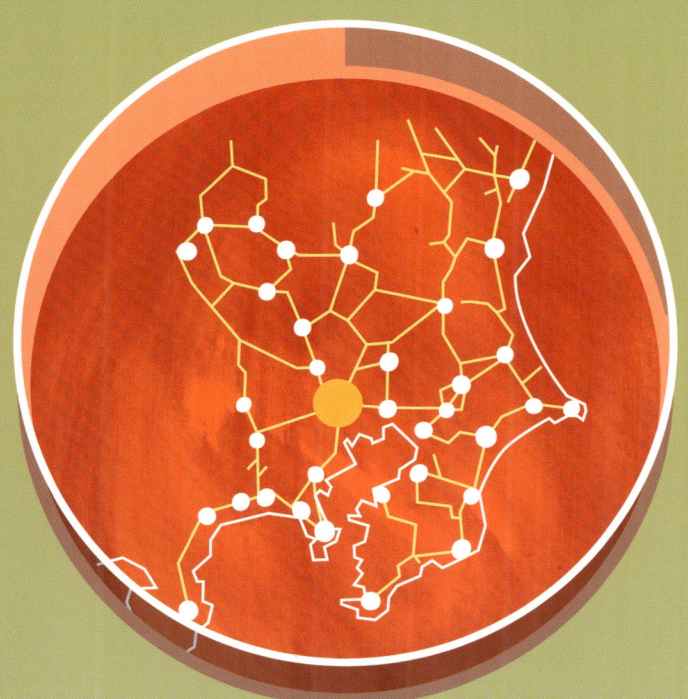

26시간 경과 : 마치 점균류가 퍼진 모양이 도쿄 지하철 시스템과 거의 일치했습니다. 점균류는 오트밀 조각을 찾아가는 가장 쉽고 빠른 방법으로 길을 찾은 것입니다.

뉴질랜드 수족관에 '잉키'라는 이름을 가진 문어가 살고 있었습니다. 문어는 뼈가 없어서 쉽게 작은 구멍에 들어갈 수 있습니다. 어느 날 밤 '잉키'는 약 49m 길이의 수족관 배수관을 따라 바다로 빠져나갔습니다. 이처럼 문어는 믿을 수 없을 만큼 똑똑합니다. 아마 잉키는 탐험을 떠나고 싶었을 것이고, 마침내 바다에서 새로운 보금자리를 찾았을 것입니다.

지능 INTELLIGENCE

발명 INVENTION

빗자루와 거품기, 망치, 숟가락 등…. 도구는 인간의 삶을 더 편하게 해줍니다. 수년간 과학자들은 인간만이 유일하게 도구를 발명할 수 있다고 생각했습니다. 그러다, 생태학자 제인 구달이 완전히 다른 의견을 주장했습니다.

제인 구달은 55년 동안 침팬지 행동 연구에 대한 세계 최고의 전문가입니다. 지난 1960년에 탄자니아의 곰베 국립공원에서 침팬지 무리 근처에 텐트를 치고 지내며, 침팬지를 연구하기 시작했습니다. 덕분에 하루 종일 침팬지들을 지켜볼 수 있었습니다. 또 모든 침팬지에게 이름을 지어 주었습니다. 연구하는 동물에게 이름을 붙인 건 구달 박사가 처음이었습니다. 그리고 인간처럼 침팬지들도 도구를 만들고 사용한다는 사실을 발견했습니다. 이 연구 결과는 우리가 동물에 관한 생각을 완전 바꾸어 놓았습니다.

제인 구달은 마치 사람을 대하듯 구달만의 독특한 방식으로 침팬지를 관찰했습니다. 동물을 연구하는 완전히 새로운 방법이었습니다. 제인 구달의 이 연구 방법은 오늘날 많은 과학자가 사용하고 있습니다.

침팬지는 도구를 사용합니다. 등이 가려우면 막대기로 등을 긁습니다. 또 나뭇잎을 적셔서 물을 마십니다. 심지어 벌집을 떨어뜨리기 위해 큰 막대기를 사용하는 것이 목격되기도 했습니다. 벌집이 깨지면, 침팬지들은 달콤한 꿀을 먹기 위해 작은 나뭇가지로 숟가락을 만들어 벌집 안에 있는 꿀을 떠먹습니다.

제인 구달은 자신이 무리 안에서 관찰한 침팬지의 모든 행동을 기록했습니다. 그러던 어느 날 한 사진작가가 탄자니아에 왔고, 침팬지 사진을 찍었습니다. 카메라 앵글 속 침팬지들은 서로의 등을 토닥거렸고, 뽀뽀하고 껴안았습니다. 침팬지들의 행동은 인간과 비슷했습니다.

제인 구달은 또 다른 놀라운 사실도 목격했습니다. '데이비드 그레이비어드'라는 이름의 침팬지가 흰개미 집의 공기 구멍에 나뭇가지를 끼워 넣은 것입니다. 이후 막대를 밖으로 꺼내자 흰개미들이 붙어 나오거나, 사방팔방 쏟아져 나왔습니다. 또한 데이비드와 골리앗이라는 이름의 침팬지가 나뭇가지에서 나뭇잎을 떼어내는 모습도 보았습니다. 마치 우리가 밥을 먹을 때 숟가락을 사용하는 것처럼, 침팬지들도 흰개미를 잡아 먹기 위해 도구를 만든다는 것이 밝혀진 것입니다.

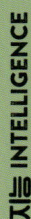
지능 INTELLIGENCE

도구를 사용하는 것은 침팬지뿐만이 아닙니다. 호주에 서식하는 솔개는 매우 인상적으로 도구를 사용합니다. 솔개들은 산에 불이 나면 불에 탄 막대기를 가져와 가까운 초원에 떨어뜨려 풀밭에 불을 지핍니다. 그럼 파충류, 곤충, 작은 포유류들이 불타는 초원을 피해 도망치고, 솔개들이 재빨리 내려와 이들을 사냥합니다. 솔개만의 영리한 사냥 방식입니다.

바다 생물들도 마찬가지입니다. 호주 서부 샤크만에 서식하는 병코돌고래들이 사냥할 때 부리에 바다 수세미를 뒤집어씁니다. 과학자들은 돌고래들이 해저의 산호 조각과 바위로부터 부리를 보호하기 위해 바다 수세미를 사용한다고 추측했습니다.

자동차를 도구로 이용한 까마귀
Moving cars as tools for crows

호두를 좋아하는 까마귀가 단단한 호두 껍질을 깨는 가장 좋은 방법은 무엇일까요? 일본 도시에 서식하는 몇몇 까마귀들은 인간을 이용하고 있습니다. 바로 차도 위로 호두를 떨어뜨리면 자동차가 그 위를 지나며 단단한 호두 껍질을 깨는 것입니다. 이후 차도의 신호등이 빨간색으로 바뀌면 빠르게 내려가 호두만 가져가는 것이 목격되었습니다.

까마귀들은 정말 움직이는 자동차를 도구로 이용한 걸일까요?

사실, 많은 동물들의 행동에 대해 어떤 결론도 나지 않았습니다. 이를 밝히기 위해 과학자들의 연구는 계속되고 있습니다.

일부 연구자들은 큰까마귀나 떼까마귀는 유인원이나 인간과 비슷한 지능이 있다고 믿습니다. 까마귀는 융통성과 상상력이 있고, 미래를 생각할 줄 알며 원인과 결과를 안다고 생각합니다.

INTELLIGENCE 지능

용어 해설 GLOSSARY

행동 생태학자
인간이나 동물이 공동체 안에서 어떻게 행동하는지 연구하는 사람.

생물학자
동물이나 식물과 같은 생명체를 연구하는 사람.

기후변화
시간이 지남에 따라 지구의 환경 조건이 변화하는 과정.

코티솔
부신 피질에서 생기는 스테로이드 호르몬의 일종. 스트레스나 위험에 대처하기 위해 신체가 방출하는 화학물질이다.

속임수
남을 속이는 짓, 또는 거짓말을 하는 행위.

도파민
기분이 좋을 때 몸에서 나오는 호르몬이다.

생태학자
생물과 그들의 환경 사이의 관계를 연구하는 사람.

행동학자
동물의 행동을 연구하는 사람.

필드 스테이션 / 기지
군대, 탐험대 따위의 기점이 되는 근거지. 야생에서 동물을 관찰하면서 연구자들이 임시로 거주하고 작업할 수 있는 공간.

점균류 (곰팡이류)
살아 있거나 죽은 먹이를 먹고 포자를 이용해 번식하는 유기체.

가설
증거에 근거한 추측으로, 과학자들은 이 추측이 사실인지 아닌지를 알아내기 위해 실험을 한다.

원주민
토박이. 예를 들어 특정한 장소에 살았던 최초의 사람들 또는 그들의 후손들.

곤충
딱정벌레와 같이 다리가 여섯 개, 신체 부위가 세 개, 그리고 보통 날개가 있는 절지동물이다.

지능
사물을 배우고 기술을 개발하는 능력.

포유류
등뼈를 가진 동물은 우유를 생산하고, 대개는 새끼를 낳는다.

해양생물학자
바다의 생명체를 연구하는 사람.

상호주의
생물이 생존을 위해 서로 의지할 때.

동식물 연구가
자연을 연구하는 사람.

포식자
먹이를 위해 다른 동물을 사냥하는 동물.

심리학자
마음을 연구하는 사람.

연구원
더 나은 것을 이해하기 위해 연구를 수행하는 사람.

자기인식
특징으로 자신이 누구인지, 어떤 사람인지를 아는 행위.

발성 / 언어
말이나 소리로 자신을 표현하는 것.

동물학자
동물을 연구하는 사람.

동물연구 / 동물학자 STUDYING ANIMALS

생태학자, 행동학자, 해양생물학자, 심리학자, 동물학자 등 동물을 연구하는 여러 분야의 과학자가 있습니다. 앞에서 보았듯, 과학자들은 야생에서 침팬지와 함께 사는 것에서부터 접시에 균을 키우며 관찰하는 것까지 새로운 발견을 위한 다양한 연구 활동을 하고 있습니다. 책에 소개된 과학자들에 대한 더 많은 정보를 소개합니다.

앤드루 아담츠키
앤드루 아담츠키는 영국 잉글랜드 서부 대학교의 컴퓨터 과학자입니다. 그는 점균류와 로봇 공학을 함께 연구하고 있습니다. 앤드루 아담츠키는 굳이 말하지 않아도 서로를 잘 이해하는 반려견과 함께 시간을 보내는 것을 좋아합니다.

앤 이니스 대그
앤 이니스 대그는 세 살 때 동물원에서 처음 기린을 보고 사랑에 빠졌습니다. 23살 때는, 야생에서 기린을 연구하기 위해 혼자 아프리카로 갔습니다. 현재 캐나다 온타리오의 워털루대학교에서 학생들을 가르치고 있습니다.

게일 다미로우
게일 다미로우는 미국 테네시주에 살고 있습니다. 가족과 함께 닭과 염소를 키우며 농장, 정원, 작은 과수원을 운영하고 있습니다. 잡지뿐만 아니라 십여 권의 책에 닭과 동물 그리고 시골 생활에 대해 글을 썼습니다.

앤 엥흐

앤 엥흐는 미국 칼라마주립대학교의 실험실 연구원입니다. 오래 전 국립공원에 천막을 쳐서 2년 동안 지내며 개코원숭이를 연구했습니다. 연구하는 동안 가슴 뛰는 경험을 수차례 했는데, 하마의 도움으로 보트에 올라타거나 코끼리에게 쫓기기도 했습니다.

카를 폰 프리슈

카를 폰 프리슈는 노벨상을 수상한 오스트리아의 동물학자입니다. 독일의 행동과학자였던 마틴 린다워와 함께 꿀벌에 대한 연구를 했습니다.

고든 지 갤럽 주니어

고든 지 갤럽 주니어는 뉴욕 주립대학교의 진화심리학자입니다. 영장류가 거울을 통해 어떻게 자신을 인지하고 있는지 연구하고 있으며, 포식자와 먹이 사이의 관계, 그리고 왜 공룡이 멸종했는지에 대한 연구를 하고 있습니다.

시프라 골든버그

시프라 골든버그는 스미소니언 보존생물학 연구소의 행동 생태학자입니다. 생존에 위협을 받고 멸종위기에 처한 동물들을 더 잘 이해하기 위해 동물의 행동을 연구하고 있습니다. 특히 코끼리처럼 두꺼운 피부를 가진 포유류인 후피 동물을 좋아합니다.

제인 구달

제인 구달은 26살 때 야생의 침팬지를 연구하기 위해 아프리카의 탄자니아로 갔습니다. 침팬지들이 도구를 사용한다는 그녀의 발견은 과학계를 뒤흔들었습니다. 이후에도 영국 케임브리지대학교에서 공부하여 동물행동학 박사학위를 땄고, 제인구달연구소를 설립하여 지속적으로 연구를 하고 있습니다.

하타 히로키

하타 히로키는 일본 에히메 대학교 생물학과 조교수입니다. 주로 물고기의 서식지와 식습관, 행동 등을 연구합니다. 자리돔과 물고기는 물론 산호 공동체와 멸종 위기 종을 연구하고 있습니다.

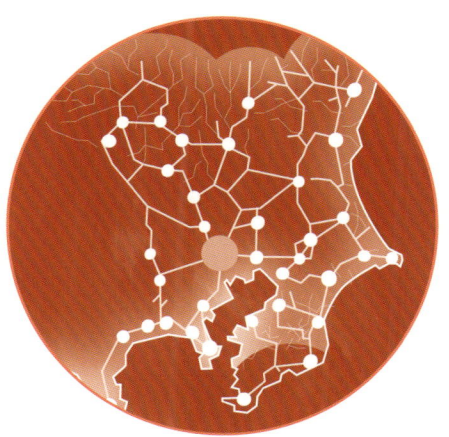

도시유키 나카가키
도시유키 나카가키는 일본 홋카이도대학교의 생물·물리학자입니다. 점균류가 어떻게 결정을 내리고 이동하는지 등 균류 대한 많은 연구를 하고 있습니다.

클라우디아 올리베이라
클라우디아 올리베이라는 대서양의 포르투갈 섬인 아조레스에 있는 해양연구소의 해양 생물학자입니다. 해양포유류의 생물음향학, 행동 생태학 등을 연구하고 있습니다.

아이린 페퍼버그
아이린 페퍼버그는 미국 매사추세츠주 하버드대학교 심리학과 연구원입니다. '알렉스'라고 불리는 회색 앵무새 연구로 사람들이 조류 지능에 대해 생각하는 방식을 바꾸게 되었습니다.

조슈아 플로트니크
조슈아 플로트니크는 뉴욕시립 헌터대학교의 비교 심리학자이자 보존 행동 연구자입니다. 조슈아는 태국에서 코끼리를 연구하면서 코끼리도 사람과 마찬가지로 제각기 성격이 다르다는 걸 알게 되었습니다.

데이비드 셸
데이비드 셸은 미국 알래스카대학교의 해양생물학 교수입니다. 그는 아프리카에서 사자, 들개와 함께 살았고, 호주 연안의 한 지역사회에서 살고 있는 문어를 발견했습니다. 다이빙과 야생동물 사진 찍는 걸 좋아합니다.

마그너스 월버그
마그너스 월버그는 덴마크 남부대학교의 해양생물연구센터를 이끌고 있습니다. 주로 해양포유류와 조류들의 청력과 발음에 관한 연구를 하고 있습니다.

찾아보기 INDEX

ㄱ
감정 21-27
개 36
개미 11, 31
거울 30
검은두건이 34
고양이 25
공격성 24-25
공동체 7, 8, 14
기린 24
까치 31
꿀벌 8-9

ㄴ
나비 35
농사 11-13

ㄷ
닭 33
도시 14
도파민 17
돌고래 31, 40
동물원 30, 31

ㄹ
라마 25

ㅁ
마카로니펭귄 23
먹이 8, 11, 14, 23
멕시코자유꼬리박쥐 7
문어 25, 35, 37
미어캣 34

ㅂ
범고래 27
벌 8-9
보노보 22
보겔콥정원사새 18
복어 19
북극곰 21
뻐꾸기 29

ㅅ
사냥 40
사랑 21, 22-23
새 23
속임수 34-35
솔개 40
슬픔 26-27

ㅇ
아프리카회색앵무새 25
애벌레 35
앵무새 25
오랑우탄 30, 31
유인원 22, 30, 31, 38-39, 41
인간 4-5, 7

ㅈ
자기 인식 30-31
자랑하기 18-19
자리돔과 물고기 12, 13
점균류 36-37
제인 구달 38, 39, 44
쥐 17
지능 29-41
집 7, 15

ㅊ
차크마개코원숭이 26
찰스 다윈 30
초파리 25
춤 8, 9
침팬지 31, 38-39

ㅋ
캐나다기러기 10
코끼리 27, 31
코티솔 26
큰까마귀 17

ㅌ
투표 9

ㅍ
퍼즐 풀기 36-37
푸른발얼가니새 23

ㅎ
협동심 8-9, 10
흉내문어 35
흰개미 14-15, 39

참고문헌 SELECTED SOURCES

앤드류 아담츠키, 제프 존스「변형균류를 이용한 도로설계 계획: 점균속 황색망사먼지를 활용해 고속도로를 건설한다면, 최적의 경로를 계획할 수 있다.」아카이브, 2009.

데이비드 J. 앤더슨, 로버트 릭클레프 형제 새를 죽이는 새끼 새에 의한 집단선택(종족선택)의 관용적 증거」행동 생태학 및 사회생물학, 1995.

마크 베코프,「동물들의 감정 생활: 동물의 기쁨, 슬픔, 공감 그리고 감정의 중요성 연구」캘리포니아 노바토, 뉴월드 라이브러리, 2008

마크 본타,「호주 북부의 맹금류에 의한 의도적인 화재 확산」, 학술저널 인종생물학, 2017

니콜라스 E. 콜리아스,「적색야계의 음성 레퍼토리: 분광학적 분류와 통신 부호」콘도르, 1987

앤 이니스 대그,「기린 생물학, 행동과 보존」, 케임브리지 대학 출판부, 2017

게일 다메로우,「닭 백과사전: 그림 참조」, 매사추세츠 노스애덤스, Storey Publishing, 2012

재러드 다이아몬드,「동물 예술성: 수컷 바우어새의 다양한 장식 스타일 연구」미국국립과학원회보 PNAS, 1986

앤 엥흐,「암컷 차크마개코원숭이의 포식 행동과 호르몬 반응」왕립학회회보, 2006

톰 플라워 외,「아프리카 새의 유연한 신호 모방에 의한 속임수 연구」, 사이언스, 2014

고든 지 갤럽 주니어,「침팬지: 자기 인식」사이언스, 1970

제인 구달,「곰베의 침팬지」, 하버드 대학교 출판부, 1986

히로키 하타, 마코토 카토,「초식성 자리돔의 해조류 단일 재배를 위한 농장 잡초 제거」해양생태학저널, 2002

크리스틴 허파드 외,「문어의 뛰어난 위장 능력의 진화: 2차 적응의 사례」, 린네협회생물학저널, 2010

피터 밀러, 이한음 옮김,「스마트 스웜」김영사, 2010

버지니아 모렐,「동물을 깨닫다: 동물의 생각과 느낌을 아는 방법」, 브로드웨이 북스, 2013

요시아키 니헤이, 히로요시 히구치,「까마귀들은 호두를 까는 도구로 자동차를 이용하는 방법을 어떻게 배웠을까」, Tohoku Psychologica Folia, 2001

산네 니가드 외,「개미와 진균류들의 농업 공생관계에 따른 상호 유전자 진화」, 네이처 커뮤니케이션즈, 2016

클라우디아 올리베이라 외,「향유고래 코다스의 집단 정체성과 개성 있는 암호화에 관한 연구」, 미국 음향학회지, 2016

아이린 페퍼버그,「알렉스 연구: 회색 앵무새 알렉스의 인지 능력과 의사소통 능력 연구」, 하버드 대학 출판부, 2002

조슈아 플로트니크 외,「아시아 코끼리의 자아 인식」, 미국국립과학원회보, 2006.

징치 탄, 브라이언 헤어,「보노보는 낯선 사람과 공유한다」, 플로스 원, 2013

아츠시 테로 외,「생물학에서 영감을 받은 적응형 네트워크 설계를 위한 규칙」, 사이언스, 2010

J. 스콧 터너,「나미비아 북부의 흰개미 집의 구조과 형태 연구」, 심버바시아, 2000

J. 스콧 터너, 소어 C. 루퍼트,「생체 모방: 살아 있는 건물을 실현하기 위해 흰개미가 우리에게 말하는 것은 무엇인가?」, 산업화된 지능형 건설 관련 제1차 국제회의, 2008

카를 폰 프리슈, 마틴 린도어,「꿀벌의 언어와 방향 연구」Annual Review of Entomology 곤충학 연간 리뷰, 1956

글 크리스토퍼 로이드

베스트셀러 작가 크리스토퍼 로이드는 Sunday Times 에서 기자 생활을 시작했다. 어느 날 가족과 캠핑에서 돌아온 크리스는 어떤 큰 깨달음을 얻었다. 케임브리지 대학교에서 역사학 1등급을 받고, 과학 작가로 활동했지만, 아직 알지 못하는 세상이 너무 많다는 걸 알았다. 크리스는 어른을 위한 책이 아닌, 어린이들을 위한 그림책을 쓰기 시작했다. 《휴머니멀》은 어린 독자들에게 전혀 상관없어 보이는 것들이 서로 어떻게 조화를 이루며 사는지 이야기한다. 무엇보다 매력적인 간결한 문장과 생동감 넘치는 그림이 조화를 이루어 독자의 호기심을 자극한다. 크리스는 베스트셀러인 《What on Earth Happened》《Absolutely Everything!》를 포함해 여러 책을 출판했고, 글을 쓰는 것 외에도 학교, 문학 축제 그리고 강연 등 전 세계 곳곳에서 강의와 워크숍을 진행하며 활발한 활동을 이어가고 있다. 켄트의 톤브리지에서 아내와 귀여운 테리어 두 마리와 함께 살고 있다.

그림 마크 러플

마크 러플은 그래픽 디자인을 공부하고 옥스퍼드 대학교 출판부에서 미술 편집자로 일했다. 이후 프리랜서 일러스트레이터와 디자이너로 활동을 이어가고 있다. 동물이나 우주선을 그리지 않을 때는, 주로 개들을 산책시키거나 아내와 두 딸과 함께 살고 있는 코츠월드에서 자전거를 타는 것을 즐긴다.

옮긴이 명혜권

도서관 사서로 일하며, 프랑스와 영미 국가의 멋진 그림책을 찾아서 우리말로 옮기는 일을 하고 있다. 《꼬마 여우의 사계절》《쓰레기》《도서관에 놀러 가요!》《나의 두발자전거》 등의 책을 우리말로 옮겼다.

HUMANIMAL
휴머니멀

1판 1쇄 발행 2021년 03월 30일
1판 2쇄 발행 2022년 05월 30일

글 크리스토퍼 로이드 | **그림** 마크 러플 | **옮긴이** 명혜권 | **편집** 이윤선
펴낸이 정윤화 | **펴낸곳** 더모스트북 | **디자인** S and book (design S)
출판등록 | 제2016-000008호
주소 강북구 인수봉로 64길 5 | **전화** 02-908-2738 | **팩스** 02-6455-2748 | **이메일** mbook2016@daum.net
ISBN 979-11-87304-22-7 73490 | 정가 17,000원
우리동네책공장은 더모스트북의 아동브랜드입니다.

Humanimal: Incredible Ways Animals Are Just Like Us!
Text by Christopher Lloyd copyright © 2019 What on Earth Publishing Ltd
Illustrations by Mark Ruffle copyright © 2019 What on Earth Publishing Ltd
Image crédits: p.43 Anne Innis Dagg © Pursuing Giraffe Adventures, Inc., p.43 Gail
Damerow © Kathy Shea Mormino, p.44 Shifra Goldenberg © RJ Walter, p.45 Irene Pepperberg © David Carter
First published in the United Kingdom in 2019
Korean edition copyright © 2021 The Mostbook
All rights reserved.
This Korean edition published by arrangement with What on Earth Publishing Limited through Shinwon Agency Co., Seoul.

이 책의 한국어판 저작권은 신원에이전시를 통해 저작권사와의 독점 계약으로 더모스트북에 있습니다.
저작권법에 의해 한국 내에서 보호를 받는 저작물이므로 무단 전재와 무단 복제를 금합니다.